Speak in a Week®
Essential Verbs
German

Design and Layout by Allison Mason
Illustrations by Gary Currant

Published & Distributed by

Penton Overseas, Inc.
Carlsbad, CA

Speak in a Week®
Essential Verbs
German

Copyright © Penton Overseas, Inc., 2008

Published and distributed by Penton Overseas, Inc.,
1958 Kellogg Avenue, Carlsbad, CA 92008.
www.pentonoverseas.com

Contact publisher by phone at (800) 748-5804
or via email, info@pentonoverseas.com.

First printing 2008
ISBN 978-1-60379-048-2

Contents

Herzlich Willkommen! Welcome to German Essential Verbs!
We hope you find the program helpful and easy.

German base verbs, or infintives, consist of a stem and the ending -en, like sprechen (to speak) or lernen (to learn). For example, with the verb sprechen, the root is sprech, and the ending is en.

This makes up the infinitive or base verb. German verbs are broken up into common groups: Weak Verbs, Strong Verbs, Auxiliary or Helper Verbs, Mixed Verbs, Separable Verbs, Modal Verbs, and Reflexive Verbs.

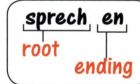

In English, infinitives have the word to in front of them (to walk, to sleep, etc.). They don't specify who is doing the action or when– that's what conjugation is for.

If you are new to German, you'll first need to memorize the personal pronouns below, words you can think of as **PEOPLE IDENTIFIERS**.

The verb conjugation varies depending on who is doing the action. **Essential Verbs** provides complete conjugations for the **Present**, **Present Perfect**, **Past Tense**, and **Imperative** of 101 key verbs. You can find the patterns of conjugation for the Past Perfect, Future, and Subjunctive tenses in the Appendix on page 226.

ich	**wir**
I	we
du	**Sie**
you	you/you all (formal)
er/ sie	**ihr**
he/ she	you all
es	**sie**
it	they

People Identifiers

Before each verb section common conjugation patterns are identified for verbs that have similar characteristics.

You'll also find some verbs that have a stem-vowel change in certain tenses.

Pay special attention to these verbs
which are denoted by an asterisk (*).

These verbs have a vowel in the stem which changes as it is conjugated. You'll have to memorize those tricky guys one at a time.

Ready to ramp up your Deutsch?
Let's learn verbs! Lasst uns Verben lernen!

Present Tense

In German, the PRESENT TENSE corresponds to three English verb forms. For example, the German "ich lerne" is the equivalent of "I am learning," "I learn," and "I do learn." One of the easiest ways to learn and remember verbs is to first learn the patterns that go along with conjugation.

Form the Present Tense by adding the endings -e, -st, -t, -en, -t, -en to the stem of the verb. Verbs with a stem ending in -s, -ß, -z, -tz form the du-form by adding -est and -et. In addition, some strong verbs (or irregular verbs) show a stem-vowel change in the du-form and the er/sie/est-form of the Present Tense. For example: fahren (to drive), du fährst, er fährt. They are indicated by an asterisk (*).

Present Perfect

One thing you must remember about the PRESENT PERFECT tense– it is reserved for activities that are COMPLETELY FINISHED. You are referring to one specific occurrence (I DID. I ATE pie. I SLEPT.), not something that you were doing in the past habitually or continually (I USED TO, I WAS DOING).

The Present Perfect is a compound tense. It is formed with the present tense of an auxiliary verb, either haben or sein, plus the past participle of the verb. The past participle is formed by adding the appropriate ending to the infinitive stem. It has three equivalents in English:

<table>
<tr><td rowspan="3">Ich habe gelernt</td><td rowspan="3">=</td><td>I have learned</td></tr>
<tr><td>I learned</td></tr>
<tr><td>I did learn</td></tr>
</table>

	Infinitive	Prefix		Past Participle
			Ending	
Weak Verbs	lernen	ge + stem + t		gelernt
Strong Verbs	kommen	ge + stem + en		gekommen
Mixed Verbs	bringen	ge + stem + t		gebracht
Separable Verbs	einkaufen/			eingekauft
	abfahren	separable prefix +		abgefahren
		ge + stem + t or -en		

Some verbs do NOT add the prefix ge- to form the past participle. Specifically, verbs with an inseparable prefix such as bestellen (to order), erklären (to explain) or verstehen (to understand), and verbs that end in -ieren such as telefopnieren (to phone). Their past participles are : bestellt, erklärt, verstanden, telefoniert.

Using the helper verb: HABEN

Haben means **to have** and is mainly used to form the Present Perfect of TRANSITIVE verbs, verbs that take an object.

ich habe	I have
du hast	you have
er/sie/es hat	he/she/it has
wir haben	we have
ihr habt	you have
sie/ Sie haben	they have, you/ you all (formal) have

For example, with the verb **KAUFEN**:

ich habe gekauft . . . . .I have bought

Sie haben gekauft .you/you all (formal) have bought

sie hat gekauft . . . . .she has bought

Using the helper verb: SEIN

Sein means to be and is mainly used to form the Present Perfect of verbs that indicate motion or movement.

ich bin. . . . . .I am

du bist . . . . .you are

er/sie/es ist . . . . .he/she/it is

wir sind . . . . .we are

ihr seid. . . . . .you are

sie/Sie sind . . . . .they, you/you all (formal) are

For example, the verb GEHEN:

ich bin gegangen......................I went/ have gone

sie sind gegangen.....................they went/ have gone

ihr seid gegangen ....you all went/ have gone

Simple Past

The SIMPLE PAST is mostly used in writing, speeches referring to the past, and in stories or fairytales. You'll find more about forming the Simple Past in the following pages.

Imperative

Use the imperative to give commands and instructions, or to make requests and suggestions. English has only one command form, since there's only one word for **you**. German has three command forms, because there are three words for **you**: the **du**-form, the **ihr**-form, and the **Sie**-form. So the English **Come**! corresponds to the German **Komm**! **Kommt**! and **Kommen Sie**!

Make the **du**-form by taking off the **-en** ending from the infinitive: **kommen** becomes **komm**! Verbs with a stem ending in **-t** and **-d**, add an **-e**: **arbeiten** becomes **arbeite**! The **ihr**-form is the regular present tense form, but without the pronoun: **ihr kommt** becomes **kommt**! Neither the **du**-form nor the **ihr**-form use a pronoun. The **Sie**-form is the regular present tense form, but the pronoun and the verb switch places: **Sie kommen** becomes **kommen Sie**!

Weak Verbs

The easiest way to remember verbs is to learn their patterns. Here are the common patterns of conjugation for German Weak Verbs. There are also a few things to remember about weak verbs:

Present Perfect

Weak verbs form their past participle by adding the prefix ge- and the ending –t to the stem. Do NOT add the prefix ge- when conjugating verbs with an inseparable prefix such as bestellen (to order) or erklären (to explain), and verbs that end in –ieren such as telefonieren (to phone).

Simple Past Tense

Weak verbs form the past tense by adding the past tense marker -t- and the personal endings –e, -est, -e, -en, -et, -en to the stem of the verb. If the verb stem ends in –d or –t, insert an –e- between the stem and the past tense ending. For example: antworten becomes er antwortete.

Weak Verbs		Present	Present Perfect	Simple Past	Imperative
ich	I	stem + e	haben/sein, ge + stem + t	stem + t + e	--------
du	you	stem + st	haben/sein, ge + stem + t	stem + t + est	stem - en stem- t + e
er/sie/es	he/she/it	stem + t	haben/sein, ge + stem + t	stem + t + e	---------
wir	we	stem + en	haben/sein, ge + stem + t	stem + t + en	---------
ihr	you all	stem + t	haben/sein, ge + stem + t	stem + t + et	present tense form
sie/ Sie	they/ you (formal)/ you all (formal)	stem + en	haben/sein, ge + stem + t	stem + t + en	present tense form + Sie

Antworten

To Answer

Der Schüler antwortet auf die Frage.
The student answers the question.

	Present	Present Perfect	Simple Past	Imperative
ich	antworte	habe geantwortet	antwortete	
du	antwortest	hast geantwortet	antwortetest	antworte!
er/sie/es	antwortet	hat geantwortet	antwortete	
wir	antworten	haben geantwortet	antworteten	
ihr	antwortet	habt geantwortet	antwortetet	antwortet!
sie/Sie	antworten	haben geantwortet	antworteten	antworten Sie!

EXAMPLE:

Kannst Du bitte auf meine Frage antworten?
Can you please answer my question?

Arbeiten

To Work

Er hat heute im Garten gearbeitet.
He worked in the yard today.

	Present	Present Perfect	Simple Past	Imperative
ich	arbeite	habe gearbeitet	arbeitete	
du	arbeitest	hast gearbeitet	arbeitetest	arbeite!
er/sie/es	arbeitet	hat gearbeitet	arbeitete	
wir	arbeiten	haben gearbeitet	arbeiteten	
ihr	arbeitet	habt gearbeitet	arbeitetet	arbeitet!
sie/Sie	arbeiten	haben gearbeitet	arbeiteten	arbeiten Sie!

EXAMPLE:

Ich arbeite von zuhause.
I work from home.

Bestellen
To Order

Ich haben einen Kaffee bei der Kellnerin bestellt.
I ordered a coffee from the waitress.

	Present	Present Perfect	Simple Past	Imperative
ich	bestelle	habe bestellt	bestellte	
du	bestellst	hast bestellt	bestelltest	bestell!
er/sie/es	bestellt	hat bestellt	bestellte	
wir	bestellen	haben bestellt	bestellten	
ihr	bestellt	habt bestellt	bestelltet	bestellt!
sie/Sie	bestellen	haben bestellt	bestellten	bestellen Sie!

EXAMPLE:

Bitte bestell mir ein Bier.
Please order a beer for me.

Bezahlen

To Pay

Bitte bezahlen sie in bar.
Please pay me in cash.

	Present	Present Perfect	Simple Past	Imperative
ich	bezahle	habe bezahlt	bezahlte	
du	bezahlst	hast bezahlt	bezahltest	bezahl!
er/sie/es	bezahlt	hat bezahlt	bezahlte	
wir	bezahlen	haben bezahlt	bezahlten	
ihr	bezahlt	habt bezahlt	bezahltet	bezahlt!
sie/Sie	bezahlen	haben bezahlt	bezahlten	bezahlen Sie!

EXAMPLE:

Der Mieter bezahlt immer rechtzeitig.
The renter always pays on time.

Brauchen
To Need

Ich brauche Benzin für meinen Wagen.
I need to get gas in my car.

Brauchen

	Present	Present Perfect	Simple Past	Imperative
ich	brauche	habe gebraucht	brauchte	
du	brauchst	hast gebraucht	brauchtest	brauch!
er/sie/es	braucht	hat gebraucht	brauchte	
wir	brauchen	haben gebraucht	brauchten	
ihr	braucht	habt gebraucht	brauchtet	braucht!
sie/Sie	brauchen	haben gebraucht	brauchten	brauchen Sie!

EXAMPLE:

Ich brauche mehr Zeit.
I need more time.

Erklären
To Explain

Der Manager hat erklärt wie man ein Haus baut.
The manager explained how to build a house.

	Present	Present Perfect	Simple Past	Imperative
ich	erkläre	habe erklärt	erklärte	
du	erklärst	hast erklärt	erklärtest	erklär!
er/sie/es	erklärt	hat erklärt	erklärte	
wir	erklären	haben erklärt	erklärten	
ihr	erklärt	habt erklärt	erklärtet	erklärt!
sie/Sie	erklären	haben erklärt	erklärten	erklären Sie!

EXAMPLE:

Karl erklärt Maria den Weg zum Haus.
Karl explains to Maria the way to the house.

Erlauben

To Allow

Ich werde dir erlauben das Hotel zu betreten.
I will allow you to enter the hotel.

	Present	Present Perfect	Simple Past	Imperative
ich	erlaube	habe erlaubt	erlaubte	
du	erlaubst	hast erlaubt	erlaubtest	erlaub!
er/sie/es	erlaubt	hat erlaubt	erlaubte	
wir	erlauben	haben erlaubt	erlaubten	
ihr	erlaubt	habt erlaubt	erlaubtet	erlaubt!
sie/Sie	erlauben	haben erlaubt	erlaubten	erlauben Sie!

EXAMPLE: Sie erlaubt ihrer Tochter Eis zu essen nach dem Abendessen.
She allows her daughter to eat ice cream after dinner.

Folgen
To Follow

Folge mir und ich zeige dir mein neues Auto.
Follow me and I will show you my new car.

	Present	Present Perfect	Simple Past	Imperative
ich	folge	bin gefolgt	folgte	
du	folgst	bist gefolgt	folgtest	folg!
er/sie/es	folgt	ist gefolgt	folgte	
wir	folgen	sind gefolgt	folgten	
ihr	folgt	seid gefolgt	folgtet	folgt!
sie/Sie	folgen	sind gefolgt	folgten	folgen Sie!

EXAMPLE:

Bitte folgen sie dem schwarzen Wagen.
Please follow the black car.

31

Fragen
To Ask

Ich habe meinen Vater nach Geld
für mein Mittagessen gefragt.
I asked my father for lunch
money.

To Ask

	Present	Present Perfect	Simple Past	Imperative
ich	frage	habe gefragt	fragte	
du	fragst	hast gefragt	fragtest	frag!
er/sie/es	fragt	hat gefragt	fragte	
wir	fragen	haben gefragt	fragten	
ihr	fragt	habt gefragt	fragtet	fragt!
sie/Sie	fragen	haben gefragt	fragten	fragen Sie!

EXAMPLE:

Maria fragt Karl wie spät es ist.
Maria asks Karl what time it is.

Fühlen
To Feel

Das Sandpapier fühlt sich rau an.
The sand paper feels rough.

	Present	Present Perfect	Simple Past	Imperative
ich	fühle	habe gefühlt	fühlte	
du	fühlst	hast gefühlt	fühltest	fühl!
er/sie/es	fühlt	hat gefühlt	fühlte	
wir	fühlen	haben gefühlt	fühlten	
ihr	fühlt	habt gefühlt	fühltet	fühlt!
sie/Sie	fühlen	haben gefühlt	fühlten	fühlen Sie!

EXAMPLE:

Ich fühle nichts.
I don't feel anything.

Glauben
To Believe

Ich glaube an den Weihnachtsmann.
I believe in Santa Claus.

	Present	Present Perfect	Simple Past	Imperative
ich	glaube	habe geglaubt	glaubte	
du	glaubst	hast geglaubt	glaubtest	glaub!
er/sie/es	glaubt	hat geglaubt	glaubte	
wir	glauben	haben geglaubt	glaubten	
ihr	glaubt	habt geglaubt	glaubtet	glaubt!
sie/Sie	glauben	haben geglaubt	glaubten	glauben Sie!

EXAMPLE:

Ich glaube an mich.
I believe in myself.

Hören
To Hear

Ich habe ein sehr lautes Geräuch gehört.
I heard a very loud noise.

	Present	Present Perfect	Simple Past	Imperative
ich	höre	habe gehört	hörte	hör!
du	hörst	hast gehört	hörtest	
er/sie/es	hört	hat gehört	hörte	
wir	hören	haben gehört	hörten	
ihr	hört	habt gehört	hörtet	hört!
sie/Sie	hören	haben gehört	hörten	hören Sie!

EXAMPLE:

Hörst du das Baby weinen ?
Do you hear the baby cry?

Kaufen

To Buy

Er hat sein Mittagessen gestern gekauft.
He bought his lunch yesterday.

	Present	Present Perfect	Simple Past	Imperative
ich	kaufe	habe gekauft	kaufte	
du	kaufst	hast gekauft	kauftest	kauf!
er/sie/es	kauft	hat gekauft	kaufte	
wir	kaufen	haben gekauft	kauften	
ihr	kauft	habt gekauft	kauftet	kauft!
sie/Sie	kaufen	haben gekauft	kauften	kaufen Sie!

EXAMPLE:

Ich kaufe gerne Schuhe.
I like buying shoes.

Kosten

To Cost

Ich kann nicht glauben, dass das Buch soviel gekostet hat.

I can't believe the book cost that much.

	Present	Present Perfect	Simple Past	Imperative
ich	koste	habe gekostet	kostete	
du	kostest	hast gekostet	kostetest	koste!
er/sie/es	kostet	hat gekostet	kostete	
wir	kosten	haben gekostet	kosteten	
ihr	kostet	habt gekostet	kostetet	kostet!
sie/Sie	kosten	haben gekostet	kosteten	kosten Sie!

EXAMPLE:

Die Äpfel kosten mehr als letztes Jahr.
The apples cost more than last year.

Leben

To Live

Ich habe ein langes Leben gelebt.
I have lived a long life.

	Present	Present Perfect	Simple Past	Imperative
ich	lebe	habe gelebt	lebte	
du	lebst	hast gelebt	lebtest	leb!
er/sie/es	lebt	hat gelebt	lebte	
wir	leben	haben gelebt	lebten	
ihr	lebt	habt gelebt	lebtet	lebt!
sie/Sie	leben	haben gelebt	lebten	leben Sie!

EXAMPLE:

Ich lebe in Deutschland.
I live in Germany.

Legen
To Lay Down / Put

Ich habe den sauberen Teppich auf dem boden gelegt.

I laid down the clean rug on the floor.

Legen

	Present	Present Perfect	Simple Past	Imperative
ich	lege	habe gelegt	legte	
du	legst	hast gelegt	legtest	leg!
er/sie/es	legt	hat gelegt	legte	
wir	legen	haben gelegt	legten	
ihr	legt	habt gelegt	legtet	legt!
sie/Sie	legen	haben gelegt	legten	legen Sie!

EXAMPLE:

Ich lege mich zum schlafen im mein Bett.

I lay down to sleep in my bed.

Lernen
To Learn

Das Baby hat zu laufen gelernt.
The baby learned how to walk.

	Present	Present Perfect	Simple Past	Imperative
ich	lerne	habe gelernt	lernte	
du	lernst	hast gelernt	lerntest	lern!
er/sie/es	lernt	hat gelernt	lernte	
wir	lernen	haben gelernt	lernten	
ihr	lernt	habt gelernt	lerntet	lernt!
sie/Sie	lernen	haben gelernt	lernten	lernen Sie!

EXAMPLE: Maria hat in 4 Wochen Deutsch gelernt.
Maria learned German in 4 weeks.

Lieben

To Love

Ich liebe meine Frau innig.
I love my wife dearly.

	Present	Present Perfect	Simple Past	Imperative
ich	liebe	habe geliebt	liebte	
du	liebst	hast geliebt	liebtest	lieb!
er/sie/es	liebt	hat geliebt	liebte	
wir	lieben	haben geliebt	liebten	
ihr	liebt	habt geliebt	liebtet	liebt!
sie/Sie	lieben	haben geliebt	liebten	lieben Sie!

EXAMPLE:

Ich liebe Dich.
I love you.

Machen
To Make

Dieser Koch macht die besten Kuchen.
This chef makes the best pies.

	Present	Present Perfect	Simple Past	Imperative
ich	mache	habe gemacht	machte	
du	machst	hast gemacht	machtest	mach!
er/sie/es	macht	hat gemacht	machte	
wir	machen	haben gemacht	machten	
ihr	macht	habt gemacht	machtet	macht!
sie/Sie	machen	haben gemacht	machten	machen Sie!

EXAMPLE:

Ich mache Abendessen.
I make dinner.

Öffnen
To Open

Ich habe den Tresor geöffnet.
I opened the safe.

	Present	Present Perfect	Simple Past	Imperative
ich	öffne	habe geöffnet	öffnete	
du	öffnest	hast geöffnet	öffnetest	öffne!
er/sie/es	öffnet	hat geöffnet	öffnete	
wir	öffnen	haben geöffnet	öffneten	
ihr	öffnet	habt geöffnet	öffnetet	öffnet!
sie/Sie	öffnen	haben geöffnet	öffneten	öffnen Sie!

EXAMPLE:

Kannst Du die Tür öffnen?
Can you open the door?

Reden

To Talk

Sie redet mit ihrer Klasse über Shakespeare.
She talks to her class about Shakespeare.

	Present	Present Perfect	Simple Past	Imperative
ich	rede	habe geredet	redete	
du	redest	hast geredet	redetest	rede!
er/sie/es	redet	hat geredet	redete	
wir	reden	haben geredet	redeten	
ihr	redet	habt geredet	redetet	redet!
sie/Sie	reden	haben geredet	redeten	reden Sie!

EXAMPLE:

Lass uns reden.
Let's talk.

Reisen

To Travel

Er ist mit dem Bus durch das Land gereist.
He traveled across the country by bus.

Reisen

	Present	Present Perfect	Simple Past	Imperative
ich	reise	bin gereist	reiste	
du	reist	bist gereist	reistest	reise!
er/sie/es	reist	ist gereist	reiste	
wir	reisen	sind gereist	reisten	
ihr	reist	seid gereist	reistet	reist!
sie/Sie	reisen	sind gereist	reisten	reisen Sie!

EXAMPLE:

Wir reisen durch Deutschland.
We travel through Germany.

Sagen

To Say

Mutti hat mir gesagt: "Mach dein Zimmer sauber."

Mom said to me, "Clean your room."

Sagen

	Present	Present Perfect	Simple Past	Imperative
ich	sage	habe gesagt	sagte	
du	sagst	hast gesagt	sagtest	sag!
er/sie/es	sagt	hat gesagt	sagte	
wir	sagen	haben gesagt	sagten	
ihr	sagt	habt gesagt	sagtet	sagt!
sie/Sie	sagen	haben gesagt	sagten	sagen Sie!

EXAMPLE:

Er hat nichts zu sagen.
He has nothing to say.

Schicken

To Send

Ich habe meinem Feund eine Geburtstagskarte geschickt.

I sent my friend a birthday card.

	Present	Present Perfect	Simple Past	Imperative
ich	schicke	habe geschickt	schickte	
du	schickst	hast geschickt	schicktest	schick!
er/sie/es	schickt	hat geschickt	schickte	
wir	schicken	haben geschickt	schickten	
ihr	schickt	habt geschickt	schicktet	schickt!
sie/Sie	schicken	haben geschickt	schickten	schicken Sie!

EXAMPLE:

Kannst Du mir Geld schicken ?
Can you send me money?

Servieren
To Serve

Der Kellner hat das Essen umgehend serviert.
The waiter served the meal promptly.

	Present	Present Perfect	Simple Past	Imperative
ich	serviere	habe serviert	servierte	
du	servierst	hast serviert	serviertest	servier!
er/sie/es	serviert	hat serviert	servierte	
wir	servieren	haben serviert	servierten	
ihr	serviert	habt serviert	serviertet	serviert!
sie/Sie	servieren	haben serviert	servierten	servieren Sie!

EXAMPLE:

Servieren Sie auch Frühstück ?
Do you serve breakfast ?

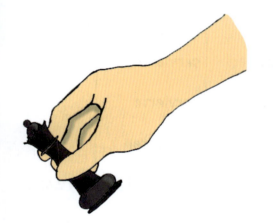

Setzen
To Put / Place

Ich setze meine Dame nebben den Bauern.
I put my Queen next to the Pawn.

	Present	Present Perfect	Simple Past	Imperative
ich	setze	habe gesetzt	setzte	
du	setzt	hast gesetzt	setztest	setz!
er/sie/es	setzt	hat gesetzt	setzte	
wir	setzen	haben gesetzt	setzten	
ihr	setzt	habt gesetzt	setztet	setzt!
sie/Sie	setzen	haben gesetzt	setzten	setzen Sie!

EXAMPLE:

Ich habe 50 dollars auf rot gesetzt in Las Vegas.
I put 50 dollars on red in Las Vegas.

Spielen
To Play

Martin spielt mit seinen Spielsachen.
Martin plays with his toys.

	Present	Present Perfect	Simple Past	Imperative
ich	spiele	habe gespielt	spielte	
du	spielst	hast gespielt	spieltst	spiel!
er/sie/es	spielt	hat gespielt	spielte	
wir	spielen	haben gespielt	spielten	
ihr	spielt	habt gespielt	spieltet	spielt!
sie/Sie	spielen	haben gespielt	spielten	spielen Sie!

EXAMPLE:
Die Kinder spielen am Strand.
The kids play at the beach.

Stellen
To Put

Sie stellt den Sellerie in der Tasche.
She put the celery in the bag.

	Present	Present Perfect	Simple Past	Imperative
ich	stelle	habe gestellt	stellte	
du	stellst	hast gestellt	stelltest	stell!
er/sie/es	stellt	hat gestellt	stellte	
wir	stellen	haben gestellt	stellten	
ihr	stellt	habt gestellt	stelltet	stellt!
sie/Sie	stellen	haben gestellt	stellten	stellen Sie!

EXAMPLE:

Ich stelle das Buch auf die Ablage.
I put the book on the shelf.

Studieren

To Study

Peter studiert
Geschichte.
Peter studies history.

	Present	Present Perfect	Simple Past	Imperative
ich	studiere	habe studiert	studierte	
du	studierst	hast studiert	studiertest	studier!
er/sie/es	studiert	hat studiert	studierte	
wir	studieren	haben studiert	studierten	
ihr	studiert	habt studiert	studiertet	studiert!
sie/Sie	studieren	haben studiert	studierten	studieren Sie!

EXAMPLE:

Ich studiere Biologie.
I study biology.

Suchen
To Search

Der Junge hat nach einem passenden paar Socken gesucht.
The boy searched for a matching sock.

	Present	Present Perfect	Simple Past	Imperative
ich	suche	habe gesucht	suchte	
du	suchst	hast gesucht	suchtest	such!
er/sie/es	sucht	hat gesucht	suchte	
wir	suchen	haben gesucht	suchten	
ihr	sucht	habt gesucht	suchtet	sucht!
sie/Sie	suchen	haben gesucht	suchten	suchen Sie!

EXAMPLE:

Wir haben nach dem vermissten Mann gesucht.
We searched for the missing man.

Tanzen

To Dance

Das Paar hat die ganze Nacht lang getanzt.
The couple danced all night long.

	Present	Present Perfect	Simple Past	Imperative
ich	tanze	habe getanzt	tanzte	
du	tanzt	hast getanzt	tanztest	tanz!
er/sie/es	tanzt	hat getanzt	tanzte	
wir	tanzen	haben getanzt	tanzten	
ihr	tanzt	habt getanzt	tanztet	tanzt!
sie/Sie	tanzen	haben getanzt	tanzten	tanzen Sie!

EXAMPLE:

Ramona geht tanzen.
Ramona goes dancing.

Telefonieren

To Phone

Er hat mit Marta telefoniert um ihr zu sagen, dass er heute nicht in der Schule sein wird.

He phoned Marta to tell her he wouldn't be at school today.

	Present	Present Perfect	Simple Past	Imperative
ich	telefoniere	habe telefoniert	telefonierte	
du	telefonierst	hast telefoniert	telefoniertest	telefonier!
er/sie/es	telefoniert	hat telefoniert	telefonierte	
wir	telefonieren	haben telefoniert	telefonierten	
ihr	telefoniert	habt telefoniert	telefoniertet	telefoniert!
sie/Sie	telefonieren	haben telefoniert	telefonierten	telefonieren Sie!

EXAMPLE:

Wir telefonieren jeden Abend.
We phone every night.

Verkaufen

To Sell

Als Kind habe ich Lemonade verkauft.
I sold lemonade when I was a child.

	Present	Present Perfect	Simple Past	Imperative
ich	verkaufe	habe verkauft	verkaufte	
du	verkaufst	hast verkauft	verkauftest	verkauf!
er/sie/es	verkauft	hat verkauft	verkaufte	
wir	verkaufen	haben verkauft	verkauften	
ihr	verkauft	habt verkauft	verkauftet	verkauft!
sie/Sie	verkaufen	haben verkauft	verkauften	verkaufen Sie!

EXAMPLE:

Wir haben das Haus verkauft.
We sold the house.

Versuchen

To Try/ Test

Ich habe versucht die schweren Gewichte zu heben.

I tried to lift the heavy weights.

	Present	Present Perfect	Simple Past	Imperative
ich	versuche	habe versucht	versuchte	
du	versuchst	hast versucht	versuchtest	versuch!
er/sie/es	versucht	hat versucht	versuchte	
wir	versuchen	haben versucht	versuchten	
ihr	versucht	habt versucht	versuchtet	versucht!
sie/Sie	versuchen	haben versucht	versuchten	versuchen Sie!

To Try/Test

EXAMPLE:
Ich habe versucht sie anzurufen.
I tried to call you.

83

Wählen

To Choose

Ich habe den zweiten Apfel gewählt.
I chose the second apple.

	Present	Present Perfect	Simple Past	Imperative
ich	wähle	habe gewählt	wählte	
du	wählst	hast gewählt	wähltest	wähl!
er/sie/es	wählt	hat gewählt	wählte	
wir	wählen	haben gewählt	wählten	
ihr	wählt	habt gewählt	wähltet	wählt!
sie/Sie	wählen	haben gewählt	wählten	wählen Sie!

EXAMPLE:

Ich habe das grüne Auto gewählt.
I chose the green car.

Warten

To Wait

Ich warte auf meinen
Freund Michael.
I wait for my friend
Michael.

	Present	Present Perfect	Simple Past	Imperative
ich	warte	habe gewartet	wartete	
du	wartest	hast gewartet	wartetest	warte!
er/sie/es	wartet	hat gewartet	wartete	
wir	warten	haben gewartet	warteten	
ihr	wartet	habt gewartet	wartetet	wartet!
sie/Sie	warten	haben gewartet	warteten	warten Sie!

EXAMPLE:

Warte hier, bitte.
Wait here, please.

Wechseln

To Change
(Money/Clothes)

Ich wechsle meinen Kleidung
bevor ich ins Bett gehe.
I change my clothes before bed.

	Present	Present Perfect	Simple Past	Imperative
ich	wechsle	habe gewechselt	wechselte	
du	wechselst	hast gewechselt	wechseltest	wechsel!
er/sie/es	wechselt	hat gewechselt	wechselte	
wir	wechseln	haben gewechselt	wechselten	
ihr	wechselt	habt gewechselt	wechseltet	wechselt!
sie/Sie	wechseln	haben gewechselt	wechselten	wechseln Sie!

EXAMPLE: Wir wechseln regelmäßig Geld in der Bank.
We regularly change money at the bank.

Weinen

To Cry (tears)

Ich habe geweint, weil mein
Hund weggelaufen ist.
I cried because my dog ran away.

	Present	Present Perfect	Simple Past	Imperative
ich	weine	habe geweint	weinte	
du	weinst	hast geweint	weintest	wein!
er/sie/es	weint	hat geweint	weinte	
wir	weinen	haben geweint	weinten	
ihr	weint	habt geweint	weintet	weint!
sie/Sie	weinen	haben geweint	weintn	weinen Sie!

EXAMPLE:

Ich weine, weil meine Mutter krank ist.
I am crying because my mom is sick.

Wohnen
To Live/ Reside

Ich wohne in einem Haus mit meiner Familie.
I live in a house with my family.

	Present	Present Perfect	Simple Past	Imperative
ich	wohne	habe gewohnt	wohnte	
du	wohnst	hast gewohnt	wohntest	wohn!
er/sie/es	wohnt	hat gewohnt	wohnte	
wir	wohnen	haben gewohnt	wohnten	
ihr	wohnt	habt gewohnt	wohntet	wohnt!
sie/Sie	wohnen	haben gewohnt	wohnten	wohnen Sie!

EXAMPLE:

Ich wohne in San Marcos.
I reside in San Marcos.

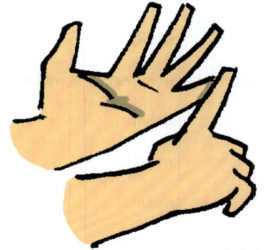

Zählen

To Count

Ich kann bis zehn zählen.
I can count to ten.

Zählen

94

	Present	Present Perfect	Simple Past	Imperative
ich	zähle	habe gezählt	zählte	
du	zählst	hast gezählt	zähltest	zähl!
er/sie/es	zählt	hat gezählt	zählte	
wir	zählen	haben gezählt	zählten	
ihr	zählt	habt gezählt	zähltet	zählt!
sie/Sie	zählen	haben gezählt	zählten	zählen Sie!

EXAMPLE:

Ich zähle mein Geld.
I count my money.

Strong Verbs

The easiest way to remember verbs is to learn their patterns. Here are the common patterns of congjugation for German Strong Verbs. There are also a few things to remember about stem vowel changes:

Present Tense
In addition, some strong verbs (or irregular verbs) show a stem-vowel change in the du-form and the er/sie/est-form of the Present Tense. For example: fahren (to drive): du fährst, er fährt.

Simple Past Tense
ALL strong verbs show a stem-vowel change in the past tense. For example: bitten becomes ich bat. If the verb stem ends in –d or –t, insert an –e- between the stem with stem-vowel change and the ending in the second person singular and plural. For example: finden becomes du fandest.

Imperative
Some strong verbs show a stem vowel change (mostly –e- to –i-) in the du- form.

Strong Verbs		Present	Present Perfect	Simple Past	Imperative
ich	I	stem + e	haben/sein, ge + stem + en	stem vowel change	--------
du	you	stem + st	haben/sein, ge + stem + en	stem vowel change + st	stem - en stem - t + e
er/sie/es	he/she/it	stem + t	haben/sein, ge + stem + en	stem vowel change	--------
wir	we	stem + en	haben/sein, ge + stem + en	stem vowel change + en	--------
ihr	you all	stem + t	haben/sein, ge + stem + en	stem vowel change + t	present tense form
sie/ Sie	they/ you (formal)/ you all (formal)	stem + en	haben/sein, ge + stem + en	stem vowel change + en	present tense form + Sie

Bleiben

To Stay

Der Hund bleib stehen als es ihm befohlen wurde.
The dog stayed when he was commanded.

Bleiben

	Present	Present Perfect	Simple Past	Imperative
ich	bleibe	bin geblieben	blieb	
du	bleibst	bist geblieben	bliebst	bleib!
er/sie/es	bleibt	ist geblieben	blieb	
wir	bleiben	sind geblieben	blieben	
ihr	bleibt	seid geblieben	bliebt	bleibt!
sie/Sie	bleiben	sind geblieben	blieben	bleiben Sie!

EXAMPLE:

Es ist schön, dass du länger bleibst.
It is nice that you are staying longer.

Brechen*

To Break

Ich habe den Stift aus Versehen zerbrochen.
I broke the pencil accidentally.

	Present	Present Perfect	Simple Past	Imperative
ich	breche	habe gebrochen	brach	
du	brichst	hast gebrochen	brachst	brich!
er/sie/es	bricht	hat gebrochen	brach	
wir	brechen	haben gebrochen	brachen	
ihr	brecht	habt gebrochen	bracht	brecht!
sie/Sie	brechen	haben gebrochen	brachen	brechen Sie!

EXAMPLE:

Seien Sie vorsichtig, nicht das Glas zu brechen.
Be careful not to break the glass.

Empfehlen*

To Recommend

Können sie ein gutes Parfüm empfehlen?

Could you recommend a nice perfume?

102

	Present	Present Perfect	Simple Past	Imperative
ich	empfehle	habe empfohlen	empfahl	
du	empfiehlst	hast empfohlen	empfahlst	empfehl!
er/sie/es	empfiehlt	hat empfohlen	empfahl	
wir	empfehlen	haben empfohlen	empfahlen	
ihr	empfehlt	habt empfohlen	empfahlt	empfehlt!
sie/Sie	empfehlen	haben empfohlen	empfahlen	empfehlen Sie!

EXAMPLE:

Sie empfiehlt diesen Frisör.
She recommends this hair dresser.

Essen*

To Eat

Ich habe heute ein belegtes
Brot zu Mittag gegessen.
I ate a sandwich for lunch
today.

Essen *

	Present	Present Perfect	Simple Past	Imperative
ich	esse	habe gegessen	aß	
du	isst	hast gegessen	aßt	iss!
er/sie/es	isst	hat gegessen	aß	
wir	essen	haben gegessen	aßen	
ihr	esst	habt gegessen	aßt	esst!
sie/Sie	essen	haben gegessen	aßen	essen Sie!

To Eat

EXAMPLE:

Jens isst einen Burrito.
Jens eats a Burrito.

Fahren *
To Drive

Ich werde mein neues Auto heute nach Hause fahren.

I will drive my new car home today.

Fahren *

	Present	Present Perfect	Simple Past	Imperative
ich	fahre	bin gefahren	fuhr	
du	fährst	bist gefahren	fuhrst	fahr!
er/sie/es	fährt	ist gefahren	fuhr	
wir	fahren	sind gefahren	fuhren	
ihr	fahrt	seid gefahren	fuhrt	fahrt!
sie/Sie	fahren	sind gefahren	fuhren	fahren Sie!

To Drive

EXAMPLE:

Wir fahren einen Porsche.
We drive a Porsche.

Fallen *
To Fall

Der Mann ist von der Leiter gefallen.
The man fell off the ladder.

	Present	Present Perfect	Simple Past	Imperative
ich	falle	bin gefallen	fiel	
du	fällst	bist gefallen	fielst	fall!
er/sie/es	fällt	ist gefallen	fiel	
wir	fallen	sind gefallen	fielen	
ihr	fallt	seid gefallen	fielt	fallt!
sie/Sie	fallen	sind gefallen	fielen	fallen Sie!

EXAMPLE:

Jens ist von seinem Fahrrad gefallen.

Jens fell of his bike.

Finden
To Find

Ich habe den Schatz gefunden!
I found the treasure!

Finden

	Present	Present Perfect	Simple Past	Imperative
ich	finde	habe gefunden	fand	
du	findest	hast gefunden	fandest	find!
er/sie/es	findet	hat gefunden	fand	
wir	finden	haben gefunden	fanden	
ihr	findet	habt gefunden	fandet	findet!
sie/Sie	finden	haben gefunden	fanden	finden Sie!

EXAMPLE:
Karl findet seine Schuhe nicht.
Karl can't find his shoes.

Geben *

To Give

Ich habe meiner Schwester ein Geschenck für ihren Geburtstag gegeben.
I gave my sister a present for her birthday.

	Present	Present Perfect	Simple Past	Imperative
ich	gebe	habe gegeben	gab	
du	gibst	hast gegeben	gabst	gib!
er/sie/es	gibt	hat gegeben	gab	
wir	geben	haben gegeben	gaben	
ihr	gebt	habt gegeben	gabt	gebt!
sie/Sie	geben	haben gegeben	gaben	geben Sie!

EXAMPLE:

Ich gebe dir ein Geschenck.
I give you a present.

Gefallen *
To Like

Mir gefallen diese Katzen.
I like these cats.

	Present	Present Perfect	Simple Past	Imperative
ich	gefalle	habe gefallen	gefiel	
du	gefällst	hast gefallen	gefielst	gefall!
er/sie/es	gefällt	hat gefallen	gefiel	
wir	gefallen	haben gefallen	gefielen	
ihr	gefallt	habt gefallen	gefielt	gefallt!
sie/Sie	gefallen	haben gefallen	gefielen	gefallen Sie!

EXAMPLE:

Mein neues Spielzeug gefällt mir.
I like my new toys.

Gehen
To Go/ To Walk

Sie geht jeden Tag zur Schule.

She goes to school every day.

	Present	Present Perfect	Simple Past	Imperative
ich	gehe	bin gegangen	ging	
du	gehst	bist gegangen	gingst	geh!
er/sie/es	geht	ist gegangen	ging	
wir	gehen	sind gegangen	gingen	
ihr	geht	seid gegangen	gingt	geht!
sie/Sie	gehen	sind gegangen	gingen	gehen Sie!

EXAMPLE:
Wir gehen immer zusammen zur Schule.
We always walk together to school.

Genießen

To Enjoy

Ich genieße den Zuckerguß auf dem Kuchen.
I enjoy the frosting on the cake.

	Present	Present Perfect	Simple Past	Imperative
ich	genieße	habe genossen	genoss	
du	genießt	hast genossen	genosst	genieß!
er/sie/es	genießt	hat genossen	genoss	
wir	genießen	haben genossen	genossen	
ihr	genießt	habt genossen	genosst	genießt!
sie/Sie	genießen	haben genossen	genossen	genießen Sie!

EXAMPLE:

Karl und Maria genießen den Sonnenuntergang.
Karl and Maria enjoy the sunset.

Heißen
To Be Called

Wie heißt du?
What is your name?

	Present	Present Perfect	Simple Past	Imperative
ich	heiße	habe geheißen	hieß	
du	heißt	hast geheißen	hießt	heiß!
er/sie/es	heißt	hat geheißen	hieß	
wir	heißen	haben geheißen	hießen	
ihr	heißt	habt geheißen	hießt	heißt!
sie/Sie	heißen	haben geheißen	hießen	heißen Sie!

EXAMPLE:

Ich heiße Peter.
My name is Peter.

Helfen *
To Help

Er hat seiner Mutter über die Straße geholfen.
He helped his mother across the street.

	Present	Present Perfect	Simple Past	Imperative
ich	helfe	habe geholfen	half	
du	hilfst	hast geholfen	halfst	hilf!
er/sie/es	hilft	hat geholfen	half	
wir	helfen	haben geholfen	halfen	
ihr	helft	habt geholfen	halft	helft!
sie/Sie	helfen	haben geholfen	halfen	helfen Sie!

EXAMPLE:

Kann ich ihnen helfen ?
May I help you ?

Lassen *

To Let

Die Mutter lässt ihr Kind in der Pfütze spielen.
The mother lets her child play in the puddle.

	Present	Present Perfect	Simple Past	Imperative
ich	lasse	habe gelassen	ließ	
du	lässt	hast gelassen	ließt	lass!
er/sie/es	lässt	hat gelassen	ließ	
wir	lassen	haben gelassen	ließen	
ihr	lasst	habt gelassen	ließt	lasst!
sie/Sie	lassen	haben gelassen	ließen	lassen Sie!

EXAMPLE:

Ich lasse den Hund ins Haus.
I let the dog in the house.

Leihen
To Loan/ Borrow

Kannst Du mir diesen Schraubenschlüssel leihen?
Could you loan me that wrench?

	Present	Present Perfect	Simple Past	Imperative
ich	leihe	habe geliehen	lieh	
du	leihst	hast geliehen	liehst	leih!
er/sie/es	leiht	hat geliehen	lieh	
wir	leihen	haben geliehen	liehen	
ihr	leiht	habt geliehen	lieht	leiht!
sie/Sie	leihen	haben geliehen	liehen	leihen Sie!

EXAMPLE:

Wir leihen uns Geld bei der Bank.
We borrow money at the bank.

Lesen *

To Read

Vati liest jeden Morgen die Zeitung.
Dad reads the paper every morning.

Lesen *

	Present	Present Perfect	Simple Past	Imperative
ich	lese	habe gelesen	las	
du	liest	hast gelesen	lasest	lies!
er/sie/es	liest	hat gelesen	las	
wir	lesen	haben gelesen	lasen	
ihr	lest	habt gelesen	last	lest!
sie/Sie	lesen	haben gelesen	lasen	lesen Sie!

EXAMPLE:

Bücher lesen macht Spaß.
Reading books is fun.

Nehmen *
To Take

Die Frau nimmt die Lebensmittel vom Laden.
The woman takes the groceries from the store.

130

	Present	Present Perfect	Simple Past	Imperative
ich	nehme	habe genommen	nahm	
du	nimmst	hast genommen	nahmst	nimm!
er/sie/es	nimmt	hat genommen	nahm	
wir	nehmen	haben genommen	nahmen	
ihr	nehmt	habt genommen	nahmt	nehmt!
sie/Sie	nehmen	haben genommen	nahmen	nehmen Sie!

EXAMPLE:

Ich nehme den Zug um 8 Uhr.
I take the train at 8.

Rufen
To Call

Sie ruft ihren besten Freund jeden Tag an.
She calls her best friend every day.

Rufen

	Present	Present Perfect	Simple Past	Imperative
ich	rufe	habe gerufen	rief	
du	rufst	hast gerufen	riefst	ruf!
er/sie/es	ruft	hat gerufen	rief	
wir	rufen	haben gerufen	riefen	
ihr	ruft	habt gerufen	rieft	ruft!
sie/Sie	rufen	haben gerufen	riefen	rufen Sie!

EXAMPLE:

Ich rufe deinen Namen.
I call your name.

Schlafen *
To Sleep

Ich schlafe 8 Stunden pro Nacht.
I sleep 8 hours a night.

	Present	Present Perfect	Simple Past	Imperative
ich	schlafe	habe geschlafen	schlief	
du	schläfst	hast geschlafen	schliefst	schlaf!
er/sie/es	schläft	hat geschlafen	schlief	
wir	schlafen	haben geschlafen	schliefen	
ihr	schlaft	habt geschlafen	schlieft	schlaft!
sie/Sie	schlafen	haben geschlafen	schliefen	schlafen Sie!

EXAMPLE:

Ich schlafe mehr als 6 Stunden am Tag.
I sleep more than 6 hours a day.

Schließen
To Close

Können Sie bitte die Tür schließen?
Could you please close the door?

	Present	Present Perfect	Simple Past	Imperative
ich	schließe	habe geschlossen	schloss	
du	schließt	hast geschlossen	schlosst	schließ!
er/sie/es	schließt	hat geschlossen	schloss	
wir	schließen	haben geschlossen	schlossen	
ihr	schließt	habt geschlossen	schlosst	schließt!
sie/Sie	schließen	haben geschlossen	schlossen	schließen Sie!

EXAMPLE:

Ich schließe die Tür.
I close the door.

137

Schreiben
To Write

Ich mußte ein Essay im Unterricht schreiben.
I had to write an essay in class.

	Present	Present Perfect	Simple Past	Imperative
ich	schreibe	habe geschrieben	schrieb	
du	schreibst	hast geschrieben	schriebst	schreib!
er/sie/es	schreibt	hat geschrieben	schrieb	
wir	schreiben	haben geschrieben	schrieben	
ihr	schreibt	habt geschrieben	schriebt	schreibt!
sie/Sie	schreiben	haben geschrieben	schrieben	schreiben Sie!

EXAMPLE:

Ich schreibe selten Postkarten.
I rarely write post cards.

Schwimmen

To Swim

Er schwimmt über den See.
He swims across the lake.

	Present	Present Perfect	Simple Past	Imperative
ich	schwimme	bin geschwommen	schwamm	
du	schwimmst	bist geschwommen	schwammst	schwimm!
er/sie/es	schwimmt	ist geschwommen	schwamm	
wir	schwimmen	sind geschwommen	schwammen	
ihr	schwimmt	seid geschwommen	schwammt	schwimmt!
sie/Sie	schwimmen	sind geschwommen	schwammen	schwimmen Sie!

EXAMPLE:

Er schwimmt jeden Morgen.
He swims every morning.

Sehen *

To See

Hast Du diesen Hund vorbei laufen sehen?
Did you see that dog run by?

	Present	Present Perfect	Simple Past	Imperative
ich	sehe	habe gesehen	sah	
du	siehst	hast gesehen	sahst	sieh!
er/sie/es	sieht	hat gesehen	sah	
wir	sehen	haben gesehen	sahen	
ihr	seht	habt gesehen	saht	seht!
sie/Sie	sehen	haben gesehen	sahen	sehen Sie!

EXAMPLE:

Ich sehe Dich fast jeden Tag.
I see you almost every day.

Singen

To Sing

Der Opernsinger hat Bizets Carmen gesungen.
The opera singer sang Bizet's Carmen.

	Present	Present Perfect	Simple Past	Imperative
ich	singe	habe gesungen	sang	
du	singst	hast gesungen	sangst	sing!
er/sie/es	singt	hat gesungen	sang	
wir	singen	haben gesungen	sangen	
ihr	singt	habt gesungen	sangt	singt!
sie/Sie	singen	haben gesungen	sangen	singen Sie!

EXAMPLE:

Wir singen ein Weihnachtslied.
We sing Christmas songs.

Sitzen
To Sit

Ich sitze auf dem Boden.
I sit on the ground.

	Present	Present Perfect	Simple Past	Imperative
ich	sitze	habe gesessen	saß	
du	sitzt	hast gesessen	saßst	sitz!
er/sie/es	sitzt	hat gesessen	saß	
wir	sitzen	haben gesessen	saßen	
ihr	sitzt	habt gesessen	saßt	sitzt!
sie/Sie	sitzen	haben gesessen	saßen	sitzen Sie!

EXAMPLE:

Ich sitze immer in der ersten Reihe.
I always sit in the first row.

Sprechen *
To Speak

Der Präsident spricht mit vielen Reportern.
The president speaks to many reporters.

	Present	Present Perfect	Simple Past	Imperative
ich	spreche	habe gesprochen	sprach	
du	sprichst	hast gesprochen	sprachst	sprich!
er/sie/es	spricht	hat gesprochen	sprach	
wir	sprechen	haben gesprochen	sprachen	
ihr	sprecht	habt gesprochen	spracht	sprecht!
sie/Sie	sprechen	haben gesprochen	sprachen	sprechen Sie!

EXAMPLE:

Ich werde mit ihm sprechen.
I will speak with him.

Stehen

To Stand

Der Junge steht bei der Tür und wartet auf seine Mitfahrgelegenheit zur Schule.
The boy stands by the door waiting for his ride to school.

	Present	Present Perfect	Simple Past	Imperative
ich	stehe	habe gestanden	stand	
du	stehst	hast gestanden	standest	steh!
er/sie/es	steht	hat gestanden	stand	
wir	stehen	haben gestanden	standen	
ihr	steht	habt gestanden	standet	steht!
sie/Sie	stehen	haben gestanden	standen	stehen Sie!

Die Kühe stehen am Zaun.
The cows are standng at the fence.

EXAMPLE:

Trinken
To Drink

Ich trinke jeden Tag acht Gläser Wasser.
I drink 8 glasses of water each day.

	Present	Present Perfect	Simple Past	Imperative
ich	trinke	habe getrunken	trank	
du	trinkst	hast getrunken	trankst	trink!
er/sie/es	trinkt	hat getrunken	trank	
wir	trinken	haben getrunken	tranken	
ihr	trinkt	habt getrunken	trankt	trinkt!
sie/Sie	trinken	haben getrunken	tranken	trinken Sie!

Trinken wasser ist wichtig für Deine Gesundheit.

EXAMPLE: Drinking water is important for your health.

Vergessen *
To Forget

Helga hat die Kombination für ihren Schrank vergessen.
Helga forgot the combination to her locker.

	Present	Present Perfect	Simple Past	Imperative
ich	vergesse	habe vergessen	vergaß	
du	vergisst	hast vergessen	vergaßest	vergiss!
er/sie/es	vergisst	hat vergessen	vergaß	
wir	vergessen	haben vergessen	vergaßen	
ihr	vergesst	habt vergessen	vergaßt	vergesst!
sie/Sie	vergessen	haben vergessen	vergaßen	vergessen Sie!

Manchmal vergesse ich meine Zähne zu putzen.
Sometimes I forget to brush my teeth.

EXAMPLE:

Verlieren
To Lose

Ich habe den Boxkampf verloren.
I lost the boxing match.

	Present	Present Perfect	Simple Past	Imperative
ich	verliere	habe verloren	verlor	
du	verlierst	hast verloren	verlorst	verlier!
er/sie/es	verliert	hat verloren	verlor	
wir	verlieren	haben verloren	verloren	
ihr	verliert	habt verloren	verlort	verliert!
sie/Sie	verlieren	haben verloren	verloren	verlieren Sie!

EXAMPLE:

Ich habe meine Schlüssel verloren.
I lost my keys.

Verstehen
To Understand

Ich habe die Mathe Frage verstanden.
I understood the math question.

	Present	Present Perfect	Simple Past	Imperative
ich	verstehe	habe verstanden	verstand	
du	verstehst	hast verstanden	verstandest	versteh!
er/sie/es	versteht	hat verstanden	verstand	
wir	verstehen	haben verstanden	verstanden	
ihr	versteht	habt verstanden	verstandet	versteht!
sie/Sie	verstehen	haben verstanden	verstanden	verstehen Sie!

EXAMPLE:

Er versteht Deutsch sehr gut.
He understands German very well.

Auxiliary Verbs

The helper verbs haben (to have), sein (to be), and werden (to become), while verbs in their own right, also help form compound tenses. Haben and sein help form the present perfect and past perfect, and werden helps form the future tense and the subjunctive. The conjugations for haben, sein, and werden are on the following pages.

Haben

To Have

Ich habe einen Basketball in meinen Händen.
I have a basketball in my hands.

	Present	Present Perfect	Simple Past	Imperative
ich	habe	habe gehabt	hatte	
du	hast	hast gehabt	hattest	hab!
er/sie/es	hat	hat gehabt	hatte	
wir	haben	haben gehabt	hatten	
ihr	habt	habt gehabt	hattet	habt!
sie/Sie	haben	haben gehabt	hatten	haben Sie!

EXAMPLE:

Maria hat keine Zeit.
Maria has no time.

Sein

To Be

Ich bin sehr krank.
I am very sick.

	Present	Present Perfect	Simple Past	Imperative
ich	bin	bin gewesen	war	
du	bist	bist gewesen	warst	sei!
er/sie/es	ist	ist gewesen	war	
wir	sind	sind gewesen	waren	
ihr	seid	seid gewesen	wart	seid!
sie/Sie	sind	sind gewesen	waren	seien Sie!

EXAMPLE:

Maria ist schön.
Maria is beautiful.

Werden*

To Become

Die hässliche Raupe wird ein hübscher Schmetterling.
The ugly caterpillar becomes a beautiful butterfly.

	Present	Present Perfect	Simple Past	Imperative
ich	werde	bin geworden	wurde	
du	wirst	bist geworden	wurdest	werd!
er/sie/es	wird	ist geworden	wurde	
wir	werden	sind geworden	wurden	
ihr	werdet	seid geworden	wurdet	werdet!
sie/Sie	werden	sind geworden	wurden	werden Sie!

EXAMPLE:

Er wurde während dem Neunzigernreich.
He became rich during the nineties.

Mixed Verbs

The easiest way to remember verbs is to learn their patterns. Here are the common conjugation patterns for German Mixed Verbs. There are also a few things to remember about stem-vowel changes:

Present tense
Mixed verbs that show a stem-vowel change in the present tense are indicated by an asterisk (*).

Present Perfect
Mixed verbs add the prefix –ge- and the ending –t to a stem, plus a stem-vowel change to form their past participle.

Past tense
Form the simple past tense of mixed verbs by adding the past tense marker –t- and the past tense endings –e, -est, -e, -et,-en of the weak verbs, plus a stem-vowel change like strong verbs.

Mixed Verbs		Present	Present Perfect	Simple Past	Imperative
ich	I	stem + e	haben/sein, ge + stem + en	stem vowel change + t + e	--------
du	you	stem + st	haben/sein, ge + stem + en	stem vowel change + t + est	stem - en stem- t + e
er/sie/es	he/she/it	stem + t	haben/sein, ge + stem + en	stem vowel change + t + e	--------
wir	we	stem + en	haben/sein, ge + stem + en	stem vowel change + t + en	--------
ihr	you all	stem + t	haben/sein, ge + stem + en	stem vowel change + t + et	present tense form
sie/ Sie	they/ you (formal)/ you all (formal)	stem + en	haben/sein, ge + stem + en	stem vowel change + t + en	present tense form + Sie

Bringen
To Bring

Der Hund hat mir die Zeitung gebracht.
The dog brought me the newspaper.

	Present	Present Perfect	Simple Past	Imperative
ich	bringe	habe gebracht	brachte	
du	bringst	hast gebracht	brachtest	bring!
er/sie/es	bringt	hat gebracht	brachte	
wir	bringen	haben gebracht	brachten	
ihr	bringt	habt gebracht	brachtet	bringt!
sie/Sie	bringen	haben gebracht	brachten	bringen Sie!

EXAMPLE:

Kannst Du mir ein paar Äpfel mitbringen ?
Can you bring me some apples?

Denken
To Think

Ich denke an morgen.
I think about tomorrow.

	Present	Present Perfect	Simple Past	Imperative
ich	denke	habe gedacht	dachte	
du	denkst	hast gedacht	dachtest	denk!
er/sie/es	denkt	hat gedacht	dachte	
wir	denken	haben gedacht	dachten	
ihr	denkt	habt gedacht	dachtet	denkt!
sie/Sie	denken	haben gedacht	dachten	denken Sie!

EXAMPLE:

Ich denke du hast Recht.
I think you are right.

Kennen

To Know (familiar)

Kennst Du meinen Bruder Hans?
Do you know my brother Hans?

	Present	Present Perfect	Simple Past	Imperative
ich	kenne	habe gekannt	kannte	
du	kennst	hast gekannt	kanntest	kenn!
er/sie/es	kennt	hat gekannt	kannte	
wir	kennen	haben gekannt	kannten	
ihr	kennt	habt gekannt	kanntet	kennt!
sie/Sie	kennen	haben gekannt	kannten	kennen Sie!

EXAMPLE:

Ich kenne die Straßen dieser Stadt.
I know the roads of this city.

Rennen

To Run

Sie rennt jeden Tag 5 Kilometer.
She runs 5 kilometers every day.

	Present	Present Perfect	Simple Past	Imperative
ich	renne	bin gerannt	rannte	
du	rennst	bist gerannt	ranntest	renn!
er/sie/es	rennt	ist gerannt	rannte	
wir	rennen	sind gerannt	rannten	
ihr	rennt	seid gerannt	ranntet	rennt!
sie/Sie	rennen	sind gerannt	rannten	rennen Sie!

EXAMPLE:

Ich renne schneller als du.
I am running faster than you.

Wissen *
To Know

Ich weiß die Antwort auf diese Frage!
I know the answer to this question!

	Present	Present Perfect	Simple Past	Imperative
ich	weiß	habe gewusst	wusste	
du	weißt	hast gewusst	wusstest	wisse!
er/sie/es	weiß	hat gewusst	wusste	
wir	wissen	haben gewusst	wussten	
ihr	wisst	habt gewusst	wusstet	wisst!
sie/Sie	wissen	haben gewusst	wussten	wissen Sie!

To Know

EXAMPLE:
Wissen Sie wie spät es ist ?
Do you know what time it is ?

179

Separable Verbs

The easiest way to remember verbs is to learn their patterns. Here are the common conjugation patterns for German Separable Verbs. There are also a few things to remember about stem-vowel changes:

Present perfect

Separable verbs place –ge- between the prefix and the stem to form the past participle.

Imperative

In the du- form and the ihr-form of the imperative, the separable prefix moves to follow the verb: abfahren becomes fahre ab! and fahrt ab! In the Sie- form, the pronoun Sie stands between the main verb and the separable prefix: abfahren becomes fahren Sie ab!

Separable Verbs		Present	Present Perfect	Simple Past	Imperative
ich	I	stem + prefix	haben/ sein, stem + ge + prefix	stem + prefix	---------
du	you	stem + prefix	haben/ sein, stem + ge + prefix	stem + prefix	stem - en + prefix /stem - t/d + e + prefix
er/sie/es	he/she/it	stem + prefix	haben/ sein, stem + ge + prefix	stem + prefix	---------
wir	we	stem + prefix	haben/ sein, stem + ge + prefix	stem + prefix	---------
ihr	you all	stem + prefix	haben/ sein, stem + ge + prefix	stem + prefix	present tense form
sie/ Sie	they/ you (formal)/ you all (formal)	stem + prefix	haben/ sein, stem + ge + prefix	stem + prefix	present tense form + Sie + prefix

Abfahren *

To Leave/ Drive Off

Das Ehepaar is nach der Hochzeit abgefahren.
The couple drove off after the wedding.

	Present	Present Perfect	Simple Past	Imperative
ich	fahre ab	bin abgefahren	fuhr ab	
du	fährst ab	bist abgefahren	fuhrst ab	fahr ab!
er/sie/es	fährt ab	ist abgefahren	fuhr ab	
wir	fahren ab	sind abgefahren	fuhren ab	
ihr	fahrt ab	seid abgefahren	fuhrt ab	fahrt ab!
sie/Sie	fahren ab	sind abgefahren	fuhren ab	fahren Sie ab!

EXAMPLE:

Der Zug fährt um 8 Uhr ab.
The train leaves at 8 o'clock.

Absagen
To Cancel

Das Theaterstück wurde abgesagt.
The play was canceled.

	Present	Present Perfect	Simple Past	Imperative
ich	sage ab	habe abgesagt	sagte ab	
du	sagst ab	hast abgesagt	sagtest ab	sag ab!
er/sie/es	sagt ab	hat abgesagt	sagte ab	
wir	sagen ab	haben abgesagt	sagten ab	
ihr	sagt ab	habt abgesagt	sagtet ab	sagt ab!
sie/Sie	sagen ab	haben abgesagt	sagten ab	sagen Sie ab!

EXAMPLE:

Wir haben das Treffen abgesagt.
We canceled the meeting.

Anfangen *

To Begin

Das Rennen fängt um 10 Uhr an.
The race starts at 10 am.

	Present	Present Perfect	Simple Past	Imperative
ich	fange an	habe angefangen	fing an	
du	fängst an	hast angefangen	fingst an	fang an!
er/sie/es	fängt an	hat angefangen	fing an	
wir	fangen an	haben angefangen	fingen an	
ihr	fangt an	habt angefangen	fingt an	fangt an!
sie/Sie	fangen an	haben angefangen	fingen an	fangen Sie an!

EXAMPLE:
Der Film fängt um 20 Uhr an.
The movie begins at 8 pm.

Anhalten *
To Stop

Der Polizist hat die Wagen angehalten.
The policeman stopped the cars.

	Present	Present Perfect	Simple Past	Imperative
ich	halte an	habe angehalten	hielt an	
du	hältst an	hast angehalten	hieltest an	halt an!
er/sie/es	hält an	hat angehalten	hielt an	
wir	halten an	haben angehalten	hielten an	
ihr	haltet an	habt angehalten	hieltet an	haltet an!
sie/Sie	halten an	haben angehalten	hielten an	halten Sie an!

EXAMPLE:

Bitte halte hier an.
Please stop here.

189

Aufwachen
To Wake Up

Er ist heute sehr früh aufgewacht.
He woke up early this morning.

	Present	Present Perfect	Simple Past	Imperative
ich	wache auf	bin aufgewacht	wachte auf	
du	wachst auf	bist aufgewacht	wachtest auf	wach auf!
er/sie/es	wacht auf	ist aufgewacht	wachte auf	
wir	wachen auf	sind aufgewacht	wachten auf	
ihr	wacht auf	seid aufgewacht	wachtet auf	wacht auf!
sie/Sie	wachen auf	sind aufgewacht	wachten auf	wachen Sie auf!

EXAMPLE:

Ich wache jeden Morgen um 6 Uhr auf.
I wake up every morning at 6.

Einkaufen
To Shop

Sie ist einen neuen Anzug einkaufen gegangen.
She went shopping for a new suit.

Einkaufen

	Present	Present Perfect	Simple Past	Imperative
ich	kaufe ein	habe eingekauft	kaufte ein	
du	kaufst ein	hast eingekauft	kauftest ein	kauf ein!
er/sie/es	kauft ein	hat eingekauft	kaufte ein	
wir	kaufen ein	haben eingekauft	kauften ein	
ihr	kauft ein	habt eingekauft	kauftet ein	kauft ein!
sie/Sie	kaufen ein	haben eingekauft	kauften ein	kaufen Sie ein!

EXAMPLE:

Wir gehen immer nach der Arbeit einkaufen.
We always shop after work.

Mitkommen
To Come Along

Der Junge ist zum Geschäft mitgekommen.
The boy came along to the store.

	Present	Present Perfect	Simple Past	Imperative
ich	komme mit	bin mitgekommen	kam mit	
du	kommst mit	bist mitgekommen	kamst mit	komm mit!
er/sie/es	kommt mit	ist mitgekommen	kam mit	
wir	kommen mit	sind mitgekommen	kamen mit	
ihr	kommt mit	seid mitgekommen	kamt mit	kommt mit!
sie/Sie	kommen mit	sind mitgekommen	kamen mit	kommen Sie mit!

EXAMPLE:

Ralf kommt auch mit.
Ralf is coming along too.

Zuhören

To Listen

Ich höre meinen Freunden zu.
I listen to my friends.

	Present	Present Perfect	Simple Past	Imperative
ich	höre zu	habe zugehört	hörte zu	
du	hörst zu	hast zugehört	hörtest zu	hör zu!
er/sie/es	hört zu	hat zugehört	hörte zu	
wir	hören zu	haben zugehört	hörten zu	
ihr	hört zu	habt zugehört	hörtet zu	hört zu!
sie/Sie	hören zu	haben zugehört	hörten zu	hören Sie zu!

EXAMPLE:

I listen to you.
Ich höre Dir zu.

Modal Verbs

The easiest way to remember verbs is to learn their patterns. Here are the common conjugation patterns for German Modal Verbs. It is also important to note the irregularities about Modal Verbs.

Present

Modal verbs do not follow a particular pattern in the present tense form, so it is imperative to learn this tense on its own

Imperative

Although it is possible to create the grammatical form of imperative for modal verbs, it is never used, since the modals themselves already set a mood for the sentence.

Modal Verbs		Present	Present Perfect	Simple Past	Imperative
ich	I	irregular	haben/ sein, ge + stem + t	stem vowel change + t + e	--------
du	you	irregular	haben/ sein, ge + stem + t	stem vowel change + t + est	--------
er/sie/es	he/she/it	irregular	haben/ sein, ge + stem + t	stem vowel change + t + e	--------
wir	we	irregular	haben/ sein, ge + stem + t	stem vowel change + t + en	--------
ihr	you all	irregular	haben/ sein, ge + stem + t	stem vowel change + t + et	--------
sie/ Sie	they/ you (formal)/ you all (formal)	irregular	haben/ sein, ge + stem + t	stem vowel change + t + en	--------

Dürfen *

To Be Allowed To

Der Hund darf auf das Sofa.
The dog is allowed on the couch.

200

	Present	Present Perfect	Simple Past	Imperative
ich	darf	habe gedurft	durfte	--------
du	darfst	hast gedurft	durftest	--------
er/sie/es	darf	hat gedurft	durfte	--------
wir	dürfen	haben gedurft	durften	--------
ihr	dürft	habt gedurft	durftet	--------
sie/Sie	dürfen	haben gedurft	durften	--------

EXAMPLE: Die Kinder dürfen nur bis 18 Uhr draußen spielen.
The kids are only allowed to play outside until 6 pm.

Können *

To Be Able To

Ich kann diese schweren Gewichte heben.
I am able to lift these heavy weights.

Können *

	Present	Present Perfect	Simple Past	Imperative
ich	kann	habe gekonnt	konnte	--------
du	kannst	hast gekonnt	konntest	--------
er/sie/es	kann	hat gekonnt	konnte	--------
wir	können	haben gekonnt	konnten	--------
ihr	könnt	habt gekonnt	konntet	--------
sie/Sie	können	haben gekonnt	konnten	--------

EXAMPLE:

Ich kann eine Meile in fünf Minuten laufen.
I am able to run a mile in five minutes.

Möchten

To Like To

Ich möchte zeichnen.
I like to draw.

	Present	Present Perfect	Simple Past	Imperative
ich	möchte	habe gemocht	mochte	--------
du	möchtest	hast gemocht	mochtest	--------
er/sie/es	möchte	hat gemocht	mochte	--------
wir	möchten	haben gemocht	mochten	--------
ihr	möchtet	habt gemocht	mochtet	--------
sie/Sie	möchten	haben gemocht	mochten	--------

EXAMPLE:

Ich möchte tanzen.
I like dancing.

Müssen
To Have To

Ich muss das Fenster putzen.
I have to wash the window.

Müssen

	Present	Present Perfect	Simple Past	Imperative
ich	muss	habe gemusst	musste	--------
du	musst	hast gemusst	musstest	--------
er/sie/es	muss	hat gemusst	musste	--------
wir	müssen	haben gemusst	mussten	--------
ihr	müsst	habt gemusst	musstet	--------
sie/Sie	müssen	haben gemusst	mussten	--------

EXAMPLE:

Ich muss heute zur Arbeit gehen.
I have to go to work today.

Sollen

To Be Supposed To

Der Junge soll seine Spielsachen aufräumen.
The boy is supposed to put his toys away.

	Present	Present Perfect	Simple Past	Imperative
ich	soll	habe gesollt	sollte	--------
du	sollst	hast gesollt	solltest	--------
er/sie/es	soll	hat gesollt	sollte	--------
wir	sollen	haben gesollt	sollten	--------
ihr	sollt	habt gesollt	solltet	--------
sie/Sie	sollen	haben gesollt	sollten	--------

EXAMPLE:

Er soll reich sein.
He's supposed to be rich.

Wollen *
To Want To

Er will ein Feruerwehrmann sein,
wenn er erwachsen ist.
He wants to be a fire fighter when
he grows up.

Wollen *

	Present	Present Perfect	Simple Past	Imperative
ich	will	habe gewollt	wollte	--------
du	willst	hast gewollt	wolltest	--------
er/sie/es	will	hat gewollt	wollte	--------
wir	wollen	haben gewollt	wollten	--------
ihr	wollt	habt gewollt	wolltet	--------
sie/Sie	wollen	haben gewollt	wollten	--------

EXAMPLE:

Wir wollen klettern gehen.
We want to go climbing.

Reflexive Verbs

Reflexive verbs always take a reflexive pronoun, which is a pronoun that refers back to the subject of a sentence. For example, sich waschen (to wash oneself). Reflexive verbs that show a stem-vowel change in the present are indicated by an asterisk (*).

Past tense

Reflexive verbs can be weak and strong in the past tense formation. The asterisk (*) indicates verbs that show a stem-vowel change in the past tense AND the present tense.

Imperative

In the du- form and the ihr- form of the imperative of reflexive verbs, the reflexive pronoun moves after the verb: sich waschen becomes wasch dich! and wasch euch! In the Sie- form, the pronoun Sie stands between the verb and the reflexive pronoun: sich waschen becomes waschen Sie sich!

Reflexive Verbs		Present	Present Perfect	Simple Past	Imperative
ich	I	stem + e + mich	haben + mich + past participle	stem-vowel change + mich	--------
du	you	stem + st + dich	haben + dich + past participle	stem-vowel change + st + dich	stem - en + dich stem- t +e+ dich
er/sie/es	he/she/it	stem + t + sich	haben + sich + past participle	stem-vowel change + sich	---------
wir	we	stem + en + uns	haben + uns + past participle	stem-vowel change + en + uns	---------
ihr	you all	stem + t + euch	haben + euch + past participle	stem-vowel change + t + euch	present tense form + euch
sie/ Sie	they/ you (formal)/ you all (formal)	stem + en + sich	haben + sich + past participle	stem-vowel change + en + sich	present tense form + Sie + sich

Sich Ändern
To Change

Das Wetter hat sich Heute geändert.
Today the weather changed.

	Present	Present Perfect	Simple Past	Imperative
ich	ändere mich	habe mich geändert	änderte mich	
du	änderst dich	hast dich geändert	ändertest dich	änder dich!
er/sie/es	ändert sich	hat sich geändert	änderte sich	
wir	ändern uns	haben uns geändert	änderten uns	
ihr	ändert euch	habt euch geändert	ändertet euch	ändert euch!
sie/Sie	ändern sich	haben sich geändert	änderten sich	ändern Sie sich!

Meine Adresse hat sich geändert als ich umgezogen bin.

EXAMPLE: My address changed when I moved.

Sich Beschweren

To Complain

Er hat sich beschwert, weil die Suppe zu salzig war.
He complained about the soup because it was too salty.

	Present	Present Perfect	Simple Past	Imperative
ich	beschwere mich	habe mich beschwert	beschwerte mich	
du	beschwerst dich	hast dich beschwert	beschwertest dich	beschwer dich!
er/sie/es	beschwert sich	hat sich beschwert	beschwerte sich	
wir	beschweren uns	haben uns beschwert	beschwerten uns	
ihr	beschwert euch	habt euch beschwert	beschwertet euch	beschwert euch!
sie/Sie	beschweren sich	haben sich beschwert	beschwerten sich	beschweren Sie sich!

EXAMPLE:

Wir haben uns beim Autohändler beschwert.
We complained at the car dealer.

217

Sich Erinnern

To Remember

Ich erinnere mich wo ich meine Schultasche gelassen habe.
I remember where I left my book bag!

	Present	Present Perfect	Simple Past	Imperative
ich	erinnere mich	habe mich erinnert	erinnerte mich	
du	erinnerst dich	hast dich erinnert	erinnertest dich	erinner dich!
er/sie/es	erinnert sich	hat sich erinnert	erinnerte sich	
wir	erinnern uns	haben uns erinnert	erinnerten uns	
ihr	erinnert euch	habt euch erinnert	erinnertet euch	erinnert euch!
sie/Sie	erinnern sich	haben sich erinnert	erinnerten sich	erinnern Sie sich!

EXAMPLE:

Ich erinnere mich an dich.
I remember you.

Sich Kümmern

To Take Care Of

**Die Mutter kümmert
sich um ihr Baby.**
The mother takes care
of her baby.

	Present	Present Perfect	Simple Past	Imperative
ich	kümmere mich	habe mich gekümmert	kümmerte mich	
du	kümmerst dich	hast dich gekümmert	kümmertest dich	kümmer dich!
er/sie/es	kümmert sich	hat sich gekümmert	kümmerte sich	
wir	kümmern uns	haben uns gekümmert	kümmerten uns	
ihr	kümmert euch	habt euch gekümmert	kümmertet euch	kümmert euch!
sie/Sie	kümmern sich	haben sich gekümmert	kümmerten sich	kümmern Sie sich!

EXAMPLE: Ich kümmere mich um meine Schwester wenn sie krank ist.
I take care of my sister when she is sick.

221

Sich Setzen
To Sit down

Sie setzt sich auf den Stuhl.
She sits down on the chair.

	Present	Present Perfect	Simple Past	Imperative
ich	setze mich	habe mich gesetzt	setzte mich	
du	setzt dich	hast dich gesetzt	setztest dich	setz dich!
er/sie/es	setzt sich	hat sich gesetzt	setzte sich	
wir	setzen uns	haben uns gesetzt	setzten uns	
ihr	setzt euch	habt euch gesetzt	setztet euch	setzt euch!
sie/Sie	setzen sich	haben sich gesetzt	setzten sich	setzen Sie sich!

Nach der Nationalhymne können sich alle setzen.

EXAMPLE: After the national anthem everybody can sit down.

223

Sich Waschen *
To Wash (oneself)

Ich wasche mich jeden Tag.
I wash myself every day.

	Present	Present Perfect	Simple Past	Imperative
ich	wasche mich	habe mich gewaschen	wusch mich	
du	wäschst dich	hast dich gewaschen	wuschest dich	wasch dich!
er/sie/es	wäscht sich	hat sich gewaschen	wusch sich	
wir	waschen uns	haben uns gewaschen	wuschen uns	
ihr	wascht euch	habt euch gewaschen	wuscht euch	wascht euch!
sie/Sie	waschen sich	haben sich gewaschen	wuschen sich	waschen Sie sich!

EXAMPLE:

Ich wasche mich regelmäßig.
I wash myself regularly.

225

APPENDIX

Past Perfect

The German Past Perfect (ich hatte gelernt) corresponds to the English verb form I had learned. Use it to report an action or event that was completed before another event in the past. For example: Ich hatte schon Spanisch gelernt, bevor ich Deutsch lernte. (I had already learned Spanish before I learned German.)

The Past Perfect is a compound tense, much like the Present Perfect. Form it using the PAST tense of an auxiliary verb (helper verb), either haben or sein, plus the PAST PARTICIPLE of the main verb.

Past Perfect		kaufen	gehen**	bringen**	aufwachen
ich hatte/war	I had	gekauft	gegangen	gebracht	aufgewacht
du hattest/warst	you had	gekauft	gegangen	gebracht	aufgewacht
er/sie/es hatte/war	he/she/it had	gekauft	gegangen	gebracht	aufgewacht
wir hatten/waren	we had	gekauft	gegangen	gebracht	aufgewacht
ihr hattet/wart	you all had	gekauft	gegangen	gebracht	aufgewacht
sie/ Sie hatten/waren	they/ you (formal)/ you all (formal) **had**	gekauft	gegangen	gebracht	aufgewacht

Future

In German, you can often use the Present Tense to express future events and actions. But there is also a special Future Tense reserved to talk about upcoming events. It is formed with the Present Tense of the auxiliary verb werden (to become) and the infinitive of the main verb.

Let's review the present tense of werden.

ich werde . . . . .I become
du wirst . . . . .you become
er/sie/es wird . . . . .he/ she/it becomes
wir werden . . . . .we become
ihr werdet . . . . .you all become
sie/Sie werden . . . . .you all (formal)/they become

The pattern for the Future Tense is: Werden in the present tense + infinitive = future.

Future		kaufen	gehen	bringen	aufwachen
ich werde	I will	kaufen	gehen	bringen	aufwachen
du wirst	you will	kaufen	gehen	bringen	aufwachen
er/sie/es wird	he/she/it will	kaufen	gehen	bringen	aufwachen
wir werden	we will	kaufen	gehen	bringen	aufwachen
ihr werdet	you all will	kaufen	gehen	bringen	aufwachen
sie/ Sie werden	they/ you (formal)/ you all (formal) will	kaufen	gehen	bringen	aufwachen

Subjunctive

In German, use the SUBJUNCTIVE to express polite requests and hypothetical situations. The Subjunctive is also called the würde-form, similar to the English would-form. The German hypothetical statement ich würde gern kommen corresponds to the English I would like to come; the German polite request Würdest du helfen? corresponds to the English Would you help?

Form the Subjunctive using the subjunctive of werden + infinitive.
The Subjunctive of werden is as follows:

ich würde . . . . I become
du würdest. . . . . you become
er/sie/es würde . . . . he/she/it becomes
wir würden. . . . . we become
ihr würdet . . . . you all become
sie/Sie würden . . . . you all (formal)/they become

Subjunctive		kaufen	gehen	bringen	aufwachen
ich würde	I would	kaufen	gehen	bringen	aufwachen
du würdest	you would	kaufen	gehen	bringen	aufwachen
er/sie/es würde	he/she/it would	kaufen	gehen	bringen	aufwachen
wir würden	we would	kaufen	gehen	bringen	aufwachen
ihr würdet	you all would	kaufen	gehen	bringen	aufwachen
sie/ Sie würden	they/ you (formal) / you all (formal) would	kaufen	gehen	bringen	aufwachen

Glossary

Weak Verbs

Antworten	To Answer
Arbeiten	To Work
Bestellen	To Order
Bezahlen	To Pay
Brauchen	To Need
Erklären	To Explain
Erlauben	To Allow
Folgen	To Follow
Fragen	To Ask
Fühlen	To Feel
Glauben	To Believe
Hören	To Hear
Kaufen	To Buy
Kosten	To Cost
Leben	To Live
Legen	To Lay Down/ Put
Lernen	To Learn
Lieben	To Love
Machen	To Make
Öffnen	To Open
Reden	To Talk
Reisen	To Travel
Sagen	To Say
Schicken	To Send

Glossary

Servieren . . . . To Serve
Setzen . . . . To Put/ Place
Spielen . . . . To Play
Stellen . . . . To Put
Studieren . . . . To Study
Suchen . . . . To Search
Tanzen . . . . To Dance
Telefonieren . . . . To Phone
Verkaufen . . . . To Sell
Versuchen . . . . To Try/ Test
Wähle . . . . To Choose
Warten . . . . To Wait
Wechseln . . . . To Change
(Money/Clothes)

Weinen . . . . To Cry (Tears)
Wohnen . . . . To Live/
Reside
Zählen . . . . To Count

Strong Verbs

Bleiben . . . . To Stay
Brechen* . . . . To Break
Empfehlen* . . . . To Recommend
Essen* . . . . To Eat
Fahren * . . . . To Drive
Fallen * . . . . To Fall
Finden . . . . To Find

Glossary

German	English	German	English
Geben *	To Give	Schlafen *	To Sleep
Gefallen *	To Like	Schließen	To Close
Gehen	To Go /To Walk	Schreiben	To Write
Genießen	To Enjoy	Schwimmen	To Swim
Heißen	To Be Called	Sehen *	To See
Helfen*	To Help	Singen	To Sing
Lassen *	To Let	Sitzen	To Sit
Leihen	To Loan /To Borrow	Sprechen *	To Speak
Lesen *	To Read	Stehen	To Stand
Nehmen *	To Take	Trinken	To Drink
Rufen	To Call	Vergessen *	To Forget
		Verlieren	To Lose
		Verstehen	To Understand

Glossary

Auxiliary Verbs

Haben. . . . . To Have
Sein . . . . To Be
Werden* . . . . To Become

Mixed Verbs

Bringen . . . . To Bring
Denken. . . . . To Think
Kennen. . . . . To Know
                          (Familiar)
Rennen. . . . . To Run
Wissen * . . . . To Know

Separable Verbs

Abfahren* . . . . To Leave
                          /Drive Off
Absagen . . . . To Cancel
Anfangen *. . . . . To Begin
Anhalten * . . . . To Stop
Aufwachen . . . . To Wake Up
Einkaufen. . . . . To Shop
Mitkommen . . . . To Come Along
Zuhören . . . . To Listen

Glossary

Modal Verbs

Dürfen * . . . . To Be Allowed To
Können * . . . . To Be Able To
Möchten . . . . To Like To
Müssen . . . . To Have To
Sollen . . . . To Be Supposed To
Wollen * . . . . To Want To

Sich Beschweren . . . . To Complain
Sich Erinnern . . . . To Remember
Sich Kümmern . . . . . . To Take Care Of
Sich Setzen . . . . To Sit Down
Sich Waschen * . . . . . To Wash (oneself)

Reflexive Verbs

Sich Ändern * . . . . To Change

Notes